AF229270

LA SITUATION DÉMOCRATIQUE

DÉCLARATIONS DES NAPOLÉON

PAR

LE COMTE DE LA CHAPELLE

> « Dites bien à tout le monde que je ne consentirai jamais à règner en France avec un parti et que je resterais en exil plutôt que de faillir jamais aux principes de nationalité que mon nom représente.
>
> Le prince LOUIS NAPOLÉON. »
>
> *Londres, Juin 1878.*

PARIS

IMPRIMERIE TYPOGRAPHIQUE KUGELMANN

12, rue Grange-Batelière, 12

1878

LA SITUATION DÉMOCRATIQUE

DÉCLARATIONS DES NAPOLÉON

DÉPÔT LÉGAL
Seine
N° 10030
1878

LA SITUATION DÉMOCRATIQUE

DÉCLARATIONS DES NAPOLÉON

PAR

LE COMTE DE LA CHAPELLE

> « Dites bien à tout le monde que je ne consentirai jamais à règner en France avec un parti et que je resterais en exil plutôt que de faillir jamais aux principes de nationalité que mon nom représente.
>
> Le prince LOUIS NAPOLÉON. »
>
> *Londres, Juin 1878.*

PARIS

IMPRIMERIE TYPOGRAPHIQUE KUGELMANN

12, rue Grange-Batelière, 12

1878

INTRODUCTION

Dans un ouvrage que je publiai en 1873, je fis connaître quelques-uns des documents qui m'avaient été confiés par l'empereur Napoléon III.

Ces documents m'avaient été remis avec mission de les faire paraître, mais je réservai l'avenir sur la publication de nombre de notes et appréciations en annonçant qu'elles ne seraient appelées à voir le jour que dans le cas où il deviendrait nécessaire de rappeler la ligne politique que l'Empereur avait imposée à ses fidèles partisans.

Des débats dont on ne saurait méconnaître l'importance ont été suscités depuis quelque temps par l'apparition de brochures remarquables qui ont évidemment marqué une nouvelle phase dans la vie politique des impérialistes ; des hommes éminents qui ont défendu et défendent cette cause sont également entrés dans l'arène, tels avec des déclarations catégoriques, d'autres par des actes qui ne laissent aucun doute sur le grand fait qui se produit, qui se révèle ; celui de la démocratie autoritaire se dégageant des étreintes où ont voulu l'enfermer quelques esprits rétrogrades, faisant trop bon marché des principes des origines.

Dépositaire de pensées augustes méditées et écrites sur la terre d'exil, il ne m'est plus permis de garder le silence et je reprends la plume pour me faire l'écho des longues conversations d'autrefois et reproduire en quelques lignes le programme de la démocratie impériale, œuvre de Napoléon III.

Guidé par ma conscience dans l'accomplissement d'un devoir, j'hésite d'autant moins qu'il m'a été donné tout récemment encore la bonne fortune de me convaincre que l'héritier de l'Empereur ne faillira pas au grand principe de nationalité que son illustre nom personnifie.

DÉCLARATIONS DES NAPOLÉON

L'ABANDON DES PRINCIPES

L'abandon des principes amène naturellement la destruction des divers partis qui agitent encore la France, et si nous parcourons l'histoire des dernières années qui viennent de s'écouler, nous assistons à ce spectacle extraordinaire de l'affaissement graduel de ces divers partis tendant fatalement à disparaître pour laisser le champ libre à la grande cause de la démocratie nationale, représentée d'une part par la démocratie impériale, d'autre part par la démocratie républicaine, mais formant en réalité le seul parti de l'avenir, le grand parti de la France.

Lorsqu'au 4 septembre, les chefs de l'opposition profitant habilement de nos malheurs, renversèrent un gouvernement issu de la libre volonté du peuple, les partis royalistes toujours âpres à la curée s'allièrent aux républicains et, par l'intrigue et la violence, ils s'efforcèrent d'effacer dans l'esprit public le souvenir de ce vote de confiance qui, peu de mois auparavant, avait été déposé dans l'urne électorale par huit millions de Français dont les suffrages venaient de consolider une dernière fois le principe de la dynastie napoléonniène.

Dissimulant leurs idées politiques ils furent bientôt amenés à répudier les bases fondamentales sur lesquelles reposent leur propre existence.

Ils s'associèrent à la démocratie républicaine qu'ils espéraient *duper*, contre la démocratie impériale qu'ils pensaient anéantir ; le pacte fut ouvertement conclu, mais secrètement sapé et les royalistes, tout en aidant ostensiblement leurs nouveaux alliés contre ceux qui étaient désignés comme l'ennemi commun, travaillaient froidement et sans souci des désastres de la patrie à la réalisation de leurs vœux les plus chers, au rétablissement de la monarchie ; ce fut ainsi que la conspiration en permanence produisit l'équipée qui, sous le nom de fusion, n'aspirait à rien moins qu'à l'asservissement de notre pays.

Mais pour conspirer, les royalistes n'avaient pas craint d'abandonner leurs principes ;

Les légitimistes avaient abjuré ; ils prétendaient ne plus réclamer les priviléges politiques de la noblesse, ils répudiaient les messages du chef de la maison de Bourbon, ils étaient prêts à sacrifier même les intérêts du clergé ;

Les orléanistes s'étaient prosternés devant le roi légitime, ils avaient fait amende honorable de l'usurpation du chef de leur famille, ils reniaient le régime du cens, la suprématie de l'argent et de la bourgeoisie ; l'hypocrisie était patente, les principes étaient largement escomptés devant les chances probables de réussite.

Les jours, les heures même étaient comptés, les principaux conjurés se tenaient ferme à leur poste, tout était prêt pour proclamer Henry V roi de France.

Mais l'héritier de l'illustre maison de Bourbon, trompé par les siens, avait bien compris les différentes péripéties de l'intrigue orléaniste dirigée contre sa personnalité, contre l'honneur de sa maison, il répudia l'œuvre de ces nouveaux faiseurs de roi et refusa noblement de prêter son concours à une restauration qui lui parut devoir être impopulaire et en désaccord complet avec les idées de la grande majorité des français.

Les princes d'Orléans, déconcertés par le manifeste de M. le comte de Chambord, n'eurent même pas le courage de brusquer la situation; on leur offrit de faire voter la monarchie par l'Assemblée nationale, de proclamer officiellement le petit fils de Louis-Philippe, mais ils hésitèrent devant ce coup d'audace et ils préférèrent reprendre sous diverses formes les fils de leurs ténébreuses intrigues.

Cependant, l'avortement de la conspiration royaliste eut pour effet de maintenir leurs amis au pouvoir, mais il fut aussi la source d'un événement considérable, il atténua subitement dans l'esprit public le coup de main du 4 septembre et il l'éleva à la hauteur d'une révolution qui pouvait être légitimée par la sanction populaire qui lui faisait défaut.

Les agissements des partis royalistes venaient donc rallier tout-à-coup à la démocratie des masses hésitantes devant un attentat et les organisateurs de la

fusion venaient à leur insu de signer leur propre ab-
dication et d'assurer le triomphe prochain de la démocratie sous la forme républicaine.

EN EXIL

L'intérêt national que nous cherchons à définir doit
nous ramener sur le passé, et c'est là où nous retrou-
verons les idées exprimées par l'Empereur et l'analyse
du programme dicté pour les adhérents à la démocratie impériale; nous serons également amenés à
examiner comment ce programme a été suivi, exécuté
par ceux qui ont eu la tâche de diriger le parti bonapartiste.

En exil, Napoléon III, avec cette merveilleuse autorité que lui donnait son savoir, son expérience, sa
supériorité incontestable sur les hommes d'Etat qui
l'avaient servi, parvint en peu de temps à discipliner
cette petite armée de fidèles qui se forma timidement
pour devenir bientôt imposante.

Les progrès furent rapides et une année s'était à
peine écoulée depuis les événements douloureux qui
avaient frappé la France, que l'Empereur était à même
s'il l'eût voulu, de remonter sur le trône, les occasions
de rentrer en France devenaient de plus en plus fré-
quentes; des offres sérieuses se succédaient pendant
que la division des conservateurs, le manque d'unité
des républicains, les intrigues des royalistes donnaient
à des projets sérieusement étudiés dans le silence des
chances à peu près certaines de réussite, mais tous ces

projets, tous ces dévouements vinrent échouer devant la volonté inébranlable de l'Empereur qui répondait à ces propositions directes, catégoriques. « Je ne quitterai la terre d'exil que sur un appel de la nation, je ne consentirai à rentrer en France que par la grande porte du suffrage universel ». Et l'Empereur savait bien que les masses plébiscitaires s'ébranleraient de nouveau le jour où il leur ferait appel.

Il avait nettement défini le principe de ces pratiques plébiscitaires qui réduisait à néant le vote illégal de déchéance prononcé par l'Assemblée de Bordeaux, mais en présence des difficultés que nos défaites avaient créées, il ne croyait pas devoir momentanément user des droits que le peuple français lui avait conférés ; aussi, il traça à chacun son devoir envers la France, envers la démocratie, il rappela à tous que le peuple souverain était le seul maître auquel ils devaient une obéissance absolue, que sa dynastie n'était elle-même que l'émanation de ce principe, en un mot, que le suffrage universel était la seule doctrine compatible avec les besoins du pays et les aspirations de la dynastie napoléonnienne.

Les paroles de Napoléon III furent écoutées, et par ses ordres, le drapeau patriotique portant cette devise conquise par la reconnaissance des droits de l'homme « Appel au peuple » se dressa, tout-à-coup, redoutable pour soutenir les principes démocratiques contre les menées royalistes et les excès de la démagogie.

Cette courageuse sincérité ne tarda pas à porter ses fruits, et à démontrer une fois de plus que les droits du peuple franchement soutenus ont le privilége d'entraîner rapidement l'opinion publique en faveur de ceux qui ont su les faire prévaloir ; aussi, en peu de temps, une réaction salutaire se produisit dans toute la France, les accusations mensongères contre le gouvernement impérial n'inspirèrent plus que du dégoût, la vérité s'était fait jour parmi les populations et la démocratie autoritaire allait de nouveau triompher au scrutin national, si la mort n'était venue tout-à-coup lui enlever son auguste chef.

L'Empereur avait gardé en exil cette grande habitude contractée pendant sa jeunesse et dans le cours de sa vie agitée, de traiter ceux qui venaient à lui avec une grâce charmante, mais de ne dire absolument que ce qu'il voulait bien dire ; il regardait, il analysait, il pressentait beaucoup, il ne se fiait pas à un premier examen ; mais plus tard, s'il pensait avoir trouvé un homme utile à la réalisation de ses projets, il se découvrait subitement ; puis après des relations journalières, soutenues, il agissait avec une confiance qui n'avait plus de bornes.

C'est à ce point saillant du caractère de Napoléon III, que j'ai dû sans nul doute la bonne fortune d'être initié à ses idées les plus intimes ; il pouvait se tromper sur les capacités, mais il ne se trompait jamais sur les dévouements, et dès que l'épreuve était concluante il se livrait entièrement.

Ce fut ainsi que je devins le confident des idées, des projets de l'empereur, et que j'eus l'honneur extrême de signer de mon propre nom la plupart des ouvrages écrits par l'Empereur sur la terre d'exil.

Les réformes à poursuivre dans l'armée, les questions militaires tenaient une large part dans les travaux littéraires de l'Empereur, mais le plan supérieur, celui qui dominait la situation après la conclusion de la paix, l'idée politique fit bientôt place aux travaux militaires et elle fut exprimée en nombre d'écrits et de notes que je vais analyser en laissant la parole à Napoléon III.

PROGRAMME POLITIQUE DE NAPOLÉON III

Lorsqu'en 1792 (dit l'Empereur), la France renversa Louis XVI, la Révolution en suivant son cours naturel, amena une série d'événements extraordinaires, et la sanction populaire de ces grands faits historiques mit à découvert le principe absolu de la démocratie en Empire ou en République.

Il fut bientôt reconnu que les deux démocraties ne pouvaient être représentées que par un seul, soit qu'il reçût le nom d'Empereur, soit qu'il reçût celui de président de la République.

Ces deux systèmes de gouvernement émanent du même principe, ils sont identiques, ils doivent représenter l'un et l'autre la volonté nationale exprimée par le suffrage universel, ils sont le soutien des libertés conquises par les événements providentiels qui ont éclairé la fin du dix-huitième siècle et le commencement du dix-neuvième.

Après bien des excès, bien des erreurs atténués cependant par de grandes gloires, les Français comprirent que pour assurer d'une manière solide et durable les conquêtes morales et sociales qu'ils venaient d'acquérir, il fallait recourir à un principe qui tout en établissant l'hérédité dans la famille du nouveau monarque, offrît des garanties de liberté et consacrât les droits du peuple; ce fut ainsi qu'ils créérent l'Empire basé sur la démocratie et appuyant son autorité sur le principe héréditaire mais avec la sanction du peuple.

Sans s'arrêter à cet esprit de dissimulation qui caractérise de nos jours la politique française, il faut reconnaître qu'un point essentiel, vital semble séparer les deux démocraties et les rendre incompatibles aux yeux du théoricien vulgaire; cette différence consiste dans la continuité, dans l'hérédité du pouvoir, or les événements ont prouvé et tendent chaque jour à prouver que l'hérédité du pouvoir est une nécessité imposée par la loi sociale par la force des choses et le seul moyen de fermer à jamais l'ère des révolutions.

La démocratie impériale sait se montrer sincère, elle pose le principe d'hérédité, mais ce principe d'hérédité s'appuie sur la démocratie dont il émane, qui est son origine, il demande à la volonté du peuple l'investiture qui, sous le nom de plébiscite, sanctionne ou suspend ses pouvoirs, mais il n'admet pas un principat à courte échéance, se renouvelant à courts intervalles et pouvant créer ainsi les crises révolutionnaires.

L'Empire ne reconnaît d'autre juge que le peuple auquel il ne cesse de faire appel dans la fonction d'Etat, il est le triomphe de la révolution sociale et de la révolution politique, la plus grande expression de la démocratie, la personnification des intérêts nouveaux sur les anciens, le modérateur de cette masse de travailleurs, de prolétaires qui produit, qui épargne et qui.

poussé par le bon sens et la foi, s'ébranle pour toute action décisive.

De la grande révolution française a jailli l'idée napoléonienne, idée morale, progressive, civilisatrice, qui a reconstitué la Société française, en conciliant tout à la fois l'ordre et la liberté, les droits du peuple et les principes d'autorité.

Elle trouve un élément de force et de stabilité dans la démocratie dont elle émane, parce qu'elle sait la discipliner ; elle ne suit ni la marche incertaine d'un parti, ni les passions de la foule, elle conduit par la raison.

Planant au-dessus des coteries politiques, exempte de tout préjugé national, elle ne voit en France que des frères faciles à réconcilier, elle ne procède pas par exclusion, mais par réconciliation ; elle réunit la nation au lieu de la diviser.

C'est à l'aide de ces principes que la dynastie des Napoléon est devenue la base d'un nouvel ordre social et c'est en combattant contre l'Europe coalisée que les Français vainqueurs ont forcé les souverains de tous ces pays de reconnaître le principe de la souveraineté nationale, soit qu'il prenne la forme d'Empire, soit qu'il s'appelle République, car c'est toujours la démocratie et la forme de gouvernement ne suit pas des lois constantes.

Le problème du gouvernement d'un seul et du gouvernement de plusieurs n'est pas encore entièrement résolu, il n'est pas insoluble et l'égalité politique inaugurée en 1789 laisse ouvert des compétitions, des prétentions que le peuple seul est appelé à juger après avoir passé par de sages expériences. En démocratie le système héréditaire est la garantie des institutions nationales de l'intégrité du pays ; le système électif amène des compétitions dangereuses pour l'unité de la nation, pour la stabilité de l'état des choses.

Cependant, Rome a été pendant cinq cents ans à la tête du monde sous la forme républicaine avec le système électif, mais il faut aussi se rappeler que, pendant six cents ans encore elle conserva sous les empereurs les institutions séculaires de la république qui avait fait sa grandeur et sa force.

Il appartient certainement à une nation libérale comme la France, de résoudre dans les temps modernes le problème qui sépare les deux démocraties, qu'il soit donc donné au monde ce grand spectacle d'un peuple qui se régénère sans violence, sans guerre civile, sans anarchie.

Mettant au-dessus de tout les intérêts du pays, l'empereur Napoléon, après avoir dicté ainsi une fois de plus le programme de la démocratie impériale, enjoignit à ses fidèles partisans de prêter une aide effective au gouvernement issu du 4 septembre, qui avait la lourde tâche d'accomplir la libération du territoire ; il leur fit comprendre qu'il fallait attendre patiemment que les Français eussent retrouvé leur sang-froid pour peser les théories de gouvernement et en appeler au jugement définitif qui serait prononcé par la majorité des citoyens librement consultés.

L'EMPEREUR ET M. THIERS

Les intrigues royalistes, les scènes orageuses de la Chambre à la rentrée des députés, les bruits de démission de M. Thiers, les progrès de la démagogie préoccupaient vivement l'Empereur et il avait déclaré à plusieurs reprises à ses amis, qu'il considérerait la démission de M. Thiers comme un malheur, dans les circonstances où se trouvait la France.

Il appréciait cet homme d'État à sa juste valeur, il rendait hommage au grand historien, au philosophe, au grand politique, et il se rappelait qu'après le succès éclatant d'un dernier plébiscite, l'illustre homme d'Etat, fait peu connu, avait été sur le point de se rallier au gouvernement qui venait d'accorder spontanément de nouvelles libertés publiques.

L'Empereur ne pensait pas que le maréchal de Mac-Mahon, dont le nom était déjà prononcé comme chef futur du pouvoir exécutif, pût avantageusement remplacer M. Thiers, et il écrivait : Il est à désirer que M. Thiers reste dans ses attributions de chef de l'Etat, qu'il évite une collision avec l'Assemblée, et il peut ainsi, plus que tout autre, gouverner avec succès, et préparer le pays au choix d'un gouvernement définitif par le suffrage universel ; et il ajoutait avec une prévision qui a été justifiée par les événements, « les royalistes marchent avec ensemble, ils poursuivent avec énergie le but qu'ils veulent atteindre, et il n'est douteux pour personne que le président de la République ne soit fort irrité des menées de la droite, des complots réitérés qu'il a à combattre ; mais aveuglé par l'influence de ses relations orléanistes, il commet la faute grave de chercher à chaque nouveau coup qui lui est porté une victime expiatoire en dehors des coupables.»

Chaque fois que M. Thiers est effrayé de se voir débordé par la droite, qu'il veut l'arrêter dans son essor, il fait du bonapartisme le bouc émissaire, et, d'accord en cela avec la presse factieuse aussi bien qu'avec la majorité de l'Assemblée, il frappe les impérialistes pour les autres.

Il protège les journaux légitimistes, les journaux orléanistes, les journaux officieux et les journaux du parti radical, mais en revanche, il cherche à entraver la presse bonapartiste, il supprime les principaux organes de l'appel au peuple et il réserve toute sa rigueur à l'endroit de ce parti au moment où il est seul à se montrer patriotique.

Il est à craindre que M. Thiers ne soit la première victime de cette tactique; il est sans cesse sous les menaces de cette Chambre qui se meut, qui s'agite, qui ne s'arrêtera que le jour où, vaincue par la démocratie, elle disparaîtra dans son impuissance à faire le bien, mais après avoir multiplié des tentatives criminelles qui auront cruellement éprouvé le pays.

Cependant, cette majorité de l'Assemblée qui se croit si forte, serait complètement dévoyée si M. Thiers venait à donner sa démission, elle s'épuiserait en essais de gouvernement de plus en plus impopulaires, pour devenir bientôt la proie d'une dictature violente.

Que M. Thiers reste donc dans ses attributions de chef du pouvoir exécutif, les événements lui ont créé une situation exceptionnelle et il a le talent et l'autorité nécessaires pour travailler avec succès à la réorganisation de la France.

L'Empereur voyait juste, les événements l'ont prouvé, il prévoyait avec une lucidité remarquable le résultat des conflits qui s'élevaient entre l'Assemblée nationale et M. Thiers, les équipées de la fusion et du 16 mai lui étaient pour ainsi dire révélées; aussi, mettant son patriotisme au-dessus des intérêts de sa dynastie, il recommandait aux siens de soutenir l'homme d'Etat qui ne cessait cependant de persécuter les impérialistes ; il leur enjoignait de prêter sans arrière-pensée leur concours au parti de la France, de la démocratie, contre les aventures des royalistes coalisés.

Telles étaient les idées de Napoléon III, tel était son programme, tel est pour ainsi dire le testament politique légué à ceux qui se sont déclarés les défenseurs de la cause impériale ; il nous reste à examiner brièvement comment les volontés de l'Empereur ont été exécutées.

L'HOMMAGE DU « TIMES »

La mort de Napoléon III fut une grande calamité pour les impérialistes, un malheur pour la France, un gros événement pour l'Europe entière.

On mit de côté pendant quelques jours les controverses politiques pour ne s'occuper que de la fin inattendue de celui qui, pendant vingt ans, avait assuré la prospérité, la richesse et donné à la France le premier rôle parmi les nations et la presse française et étrangère rendit momentanément à sa mémoire une justice qui lui avait été refusée dans les malheurs de l'exil ; bien qu'ayant déjà retracé ailleurs les paroles textuelles prononcées à cette occasion par le grand organe universel « le *Times* », elles doivent trouver place ici comme étant un dernier hommage à la mé-

moire du Souverain, qui a donné un nouvel élan à la
cause démocratique.

« Ce n'est pas parce que l'homme n'est plus, dit le
» *Times,* ce n'est pas parce qu'il est descendu dans la
» tombe, après avoir été la victime de grandes cala-
» mités que nous venons rendre hommage aux grandes
» vertus, aux hautes qualités de Napoléon III, mais
» c'est parce que c'est la vérité et que la vérité doit
» être accentuée.

« L'Empereur était sincère dans ses affections,
» loyal envers ses amis, toujours franc et vrai envers
» ceux qui l'entouraient, le connaissaient; son cou-
» rage était calme et raisonné, en un mot, il avait
» toutes ces qualités qui assurent à ceux qui en sont
» doués, le dévouement, la haute estime, l'admiration,
» il avait un amour réel pour son pays, même au
» détriment de ses propres intérêts, et tous ses pro-
» jets de réforme, l'œuvre d'émancipation du com-
» merce et de l'industrie qu'il poursuivit sans relâche,
» la resplendissante prospérité qu'il donna à la
» France, resteront comme autant de preuves de son
» génie et de son patriotisme. »

Telles furent les paroles du grand journal anglais
qui s'était cependant toujours montré l'adversaire de
Napoléon III en exil comme sur le trône.

LE PRINCE LOUIS-NAPOLÉON ET LES IMPÉRIALISTES

Le coup terrible qui venait de frapper aussi cruellement le parti de l'appel au peuple, ne tarda pas à
avoir des conséquences graves, les impérialistes per-

daient tout à coup un guide sûr, expérimenté et ayant seul l'autorité pour se faire obéir.

Cependant, le danger pouvait être conjuré; le prince Louis Napoléon avait 16 ans, et grâce à l'éducation politique que l'Empereur lui avait donnée, grâce à une intelligence de premier ordre mêlée à un bon sens précoce, il n'était plus un enfant et il avait en lui la fermeté nécessaire pour diriger avec quelques conseillers dévoués, *l'armée napoléonienne* et surtout pour *conjurer* les actes d'indiscipline qu'il était facile de prévoir.

Ceux qui assistèrent au deuil de la famille impériale purent se convaincre que le prince avait longuement réfléchi, qu'il comprenait la responsabilité qui lui incombait, que les dures leçons de l'exil n'avaient pas été perdues et que les idées napoléoniennes étaient profondément gravées dans son esprit.

Il était le dépositaire de la politique de son père, il avait été initié aux appréciations les plus intimes sur les hommes et sur les choses, il appréciait tout avec sobriété et jugement, il paraissait devoir être inflexible sur l'exécution du programme que l'Empereur lui avait tracé et à l'heure qu'il est il sait bien que Napoléon III vivant, jamais la démocratie autoritaire n'aurait failli à son principe en s'alliant aux parties rétrogrades de la monarchie.

Si les aptitudes du prince furent une révélation soudaine, inattendue pour un grand nombre, ce ne fut pas une surprise pour les quelques amis dévoués qui avaient partagé l'exil de l'auguste famille, les uns n'hésitèrent pas à proclamer ouvertement l'émancipation du prince et à répondre hardiment à ceux qui parlaient de tutelle, que là où les conseillers pouvaient être utiles, les tuteurs érigés en maîtres feraient surgir des difficultés; il était du reste évident pour tout le monde, que malgré sa jeunesse, le prince saurait se montrer à la hauteur de la tâche que la providence venait de lui imposer si cruellement.

Mais les hommes importants du parti, soutenus par de hautes influences, furent d'avis qu'il fallait s'opposer à toute tentative que ferait le prince, de prendre la direction de la cause napoléonienne, ils se mirent à l'œuvre avec rapidité et grâce à des tactiques habiles, appuyées par de grandes personnalités, ils parvinrent malgré les résistances à annihiler en peu de temps l'action du prince et à substituer à la politique napoléonienne une politique de compromis qui n'a été que trop fatale à la cause de l'empire démocratique.

Ce fut une lourde faute de la part de ces hommes d'Etat qui allaient bientôt se montrer fort au-dessous de la situation qu'ils venaient de se créer.

Cependant, parmi ces anciens ministres dont les actes les plus brillants du passé n'avaient été en réalité qu'autant de conceptions de l'Empereur, se détachait une personnalité d'une haute valeur, d'une intégrité et d'un dévouement incontestable, c'était une des grandes figures du second empire, l'illustre M. Rouher.

Il avait la dignité, le sang-froid, l'autorité du talent et des grands services rendus, lui seul pouvait avoir assez de prestige pour faire exécuter le programme de l'Empereur, mais c'était à la condition de devenir le premier conseiller du prince et non le chef du parti.

Il fut contraint à se laisser aller au choix de la tutelle, ce fut une faute dont il ne saurait être responsable; en acceptant cette lourde tâche, son dévouement mesura certainement l'étendue des difficultés qu'il aurait à surmonter, mais il compta peut-être trop sur ses propres forces et il ne prévit pas l'étendue des actes d'indiscipline que la jalousie et l'ambition lui réservaient.

Ostensiblement, M. Rouher paraît avoir dirigé le parti napoléonien depuis la mort de l'Empereur, en réalité il n'a pu le faire, car il s'est trouvé impuissant dans la plupart des occasions décisives, contrecarré systématiquement par l'intrigue, par la défection des siens et par les actes impolitiques de personnages inexpérimentés, mais non sans talents, qui cherchaient à s'ériger en chefs du parti impérialiste.

Nous ne craignons pas d'affirmer que M. Rouher a été mal secondé, trompé lorsqu'il a voulu faire exécuter le programme politique de Napoléon III.

Après avoir fait cette réserve explicite sur l'homme éminent qui n'a pu malgré les pouvoirs dont il était investi par la famille impériale, malgré le mandat qu'il avait reçu, grouper autour de lui les hommes dévoués à l'empire, nous allons aborder franchement la période qui s'est écoulée depuis la mort de l'Empereur jusqu'à ce jour, et examiner en quelques lignes comment les intérêts de la cause impériale ont été sauvegardés par ceux qui en avaient brigué la direction.

FAUTES DES CHEFS IMPÉRIALISTES

Le 24 mai 1873, le groupe de l'appel au peuple abandonnant tout-à-coup le programme de l'Empereur qui l'avait poussé à se tenir dans l'expectative et à n'entraver en quoi que ce fût l'œuvre de réorganisation, s'allia à la majorité de la Chambre, aux royalistes pour renverser M. Thiers; il répudiait ainsi son origine, ses traditions libérales au profit des royalistes; ce fut une faute énorme dont les conséquences ne sont aujourd'hui que trop réelles.

La haine et la vengeance sont bien mauvaises conseillères, en politique surtout, et ni les persécutions réitérées de M. Thiers à leur égard, ni les embarras du moment ne pouvaient justifier l'abandon aussi flagrant des principes du libéralisme et de la démocratie.

Un moment on pouvait espérer qu'une personnalité éclatante qui venait de surgir dans le parti, M. Raoul Duval aurait assez d'influence pour diriger le groupe de l'Appel au peuple dans la voie démocratique, mais il fut bientôt reconnu que malgré la hauteur de son talent, malgré les services rendus, les efforts du jeune et éminent député seraient bien vite paralysés par l'envie, par la jalousie.

Au lieu de s'en tenir à la lettre du programme indiqué par leur souverain, de soutenir sans trève et sans relâche le parti national qu'ils représentaient, de s'efforcer de conquérir au sein de l'Assemblée une prépondérance qu'ils auraient atteint tôt ou tard, les députés de l'Appel au peuple préférèrent s'enrôler dans les rangs des royalistes, mutiler un avenir qui paraissait assuré, et cependant quatre mois s'étaient seulement écoulés depuis la mort de l'Empereur, et ses déclarations devaient être encore palpitantes dans leur souvenir.

Ainsi on venait de rejeter froidement un pacte dont les bases avaient été élaborées avec M. Thiers, pour se livrer corps et âme à la merci de ces partis rétrogrades, ennemis mortels de la démocratie; on exécutait M. Thiers au profit d'un duc de Broglie et des princes d'Orléans.

Le groupe de l'Appel au peuple, en prêtant son concours à ceux qui ne pouvaient avoir d'autre but que d'aliéner la souveraineté du peuple, détruisit en ce jour néfaste des chances qui paraissaient prochaines d'arriver à un nouveau plébiscite.

Les députés du parti s'illusionnèrent sans nul doute sur ce système bâtard de République conservatrice qui promettait hypocritement de réserver l'avenir et qui prétendait donner un cours libre à toutes les espérances, mais la duperie dont ils furent victimes fut bientôt patente, il ne resta plus de place pour les illusions.

Quelques semaines s'étaient à peine écoulées depuis que M. Thiers avait été renversé et déjà le masque était tombé; le voyage des princes d'Orléans à Frosdhorff avait accompli la fusion des royalistes, et la majorité de la Chambre travaillait ouvertement avec les ministres à l'avénement de M. le comte de Chambord.

Ce fut une cruelle révélation pour les chefs du parti impérialiste, ce fut une humiliation à laquelle il était pénible de se résigner, et malgré les protestations, les efforts pour atténuer les conséquences de la révolution parlementaire à laquelle ils venaient de prêter la main, la faute commise engendra dans le parti des tiraillements, des divisions qui remplacèrent désormais l'esprit d'entente et de concorde qui existait sous l'influence de Napoléon III.

Pendant que les chefs du parti de l'Appel au peuple étaient amenés à réfléchir avec amertume sur les résultats d'une campagne aussi maladroite, aussi désastreuse pour leur cause, M. le comte de Chambord, fatigué des intrigues Orléanistes, arborant fièrement le drapeau de ses ancêtres, venait revendiquer les institutions d'un passé glorieux, mais désormais incompatibles avec les inspirations de la France moderne.

Les déclarations franches et loyales de l'héritier de Saint-Louis réduisirent à néant les projets de la majorité de l'Assemblée.

Vaincus dans l'intrigue fusionniste, les Orléanistes crurent pouvoir retrouver dans le Septennat les chances qui leur échappaient, et en effet, il devint bientôt visible que la consolidation des pouvoirs remis au maréchal de Mac-Mahon avait ravivé l'influence des princes d'Orléans, qui, sous le masque de conservateurs, travaillèrent désormais dans l'ombre vers cet objectif nouveau et hardi, compromettre à leur profit le chef du gouvernement.

Cependant, ces derniers événements avaient considérablement atténué la situation critique du parti impérialiste, les classes éclairées regrettaient ouvertement la constitution libérale et démocratique donnée par Napoléon III, les paysans des campagnes, ahuris de l'audace des royalistes, craignant de nouvelles tentatives de restauration bourbonienne, étaient prêts, au moindre appel, à se jeter dans les bras de l'héritier de l'Empereur. La bourgeoisie elle-même désirait secrètement le retour du régime qui leur avait donné une prospérité sans égale et qui avait assuré ses libertés.

Mais là encore les idées Napoléoniennes furent immolées par ceux-là même qui devaient en être les gardiens ; ils négligèrent de plus en plus le programme libéral, ils ne le défendirent ni à la tribune, ni dans la presse, et aux élections générales de 1876 et de 1877, ils se créèrent une situation électorale équivoque, impopulaire ; au lieu d'arborer hautement le drapeau national, ils se confondirent pour la plupart dans les rangs des fusionnistes, déguisés sous l'étiquette mensongère et prétentieuse de conservateurs.

Cependant, le prince Louis Napoléon, tout en poursuivant, en Angleterre, avec un succès éclatant ses études militaires et scientifiques, avait compris depuis longtemps qu'il lui incombait de mettre un terme aux fautes graves commises par les chefs de son parti ; il prit dans cette occasion une initiative personnelle qui n'aurait pas manqué d'améliorer rapidement les affaires de la démocratie impériale, si ses ordres n'eussent été contrecarrés par ceux-là même qui les avaient reçus ; quelques exceptions prouvèrent que l'initiative du prince, affirmant hautement les principes de l'Empire libéral, pouvait remuer les fibres de ces millions de Français partisans de l'Empire ; mais, découragées par l'abandon dans lesquels elles avaient été laissées, par l'incurie et le manque de franchise des chefs Napoléoniens, les masses avaient besoin pour s'ébranler d'assurances directes, incontestables, émanant de l'héritier de la dynastie.

Aussi, les efforts de quelques individualités intrépides inspirées par le prince n'aboutirent qu'à des succès partiels, quoique nettement définis, et il fut reconnu, une fois de plus, que l'émancipation du prince impérial serait encore pour longtemps peut-être contrecarrée, sapée par les intérêts privés, par des calculs personnels.

LE 16 MAI

Sans entrer dans les détails si connus du coup parlementaire porté le 16 mai par les forces coalisées des Orléanistes et de quelques caméléons politiques à la recherche d'une situation, sans nous arrêter à apprécier à leur juste valeur les visées conservatrices qu'on avait la prétention de revendiquer, nous devons constater ici combien furent faibles ces conceptions élaborées par des hommes d'État improvisés, tels que MM. Broglie et de Fourtou ; il n'est pas exagéré d'avancer que si on pouvait oublier l'état d'effervescence, d'incertitude et de souffrance dans lequel la France fut plongée pendant plusieurs mois, l'action du 16 mai, dégagée de sa gravité, resterait comme un exemple de l'incapacité politique mêlée à une outrecuidance qui ne peut être dépassée.

Lorsque des hommes ayant la prétention de jouer un rôle politique se jettent dans une aventure qui ne peut s'appuyer ni sur un principe, ni sur un prétexte plausible, ils commettent évidemment un acte immoral, inexcusable, mais au moins la hardiesse dans l'exécution, le courage dans l'action sans légitimer la tentative, lui prêtent une apparence de bonne foi, de sincérité qui peut atténuer la culpabilité ; mais les ministres du 16 mai si fiers en parole, si arrogants en théorie, se sont dévoilés si faibles, si médiocres dans l'exécution qu'ils ne sauraient même avoir, devant un jury impartial, le bénéfice des circonstances atténuantes.

C'est bien ainsi que devait finir cette conspiration orléaniste qui n'a cessé pendant les sept dernières années de harceler notre chère patrie, et de lui porter dans l'ombre des coups formidables que la Providence lui a permis de vaincre à l'aide des principes démocratiques.

Les conspirateurs désorganisés n'ont certainement pas renoncé entièrement à leurs projets, repliés sous le nom de constitutionnels, affublés du titre dérisoire de conservateurs, ils comptent encore sur le hazard des choses, ils s'efforçent de renouer les fils de leurs intrigues, mais ils se trouvent en présence d'un fait qu'ils ont causé, qui est incontestable ; le 16 mai a eu pour résultat de les ensevelir pour longtemps sous les ruines de leurs combinaisons coupables, et ils ont la douleur de penser que c'est du fait même de leurs agissements maladroits qu'est issu le règne de la démocratie sous la forme républicaine, ne laissant plus, en cas de non réussite, d'autre alternative, d'autre espoir dans la France libérale, que la restauration de la démocratie impériale, qui est toujours venu fermer l'ère de l'anarchie.

LA DÉMOCRATIE RÉPUBLICAINE

La République proclamée au 4 septembre 1870 n'a réellement pris une existence légale que par le vote des lois de février 1875, et il est incontestable que raffermie par les élections de deux années suivantes elle constitue aujourd'hui un gouvernement qui repose sur les faits accomplis.

L'application de la démocratie sous la forme républicaine soulève des questions graves dont la solution ne saurait être trouvée que dans l'avenir. Il y a, parmi ses adeptes, divergence d'opinions ; des théories multiples sur les plus grandes questions sociales, des rivalités qui pourront s'accroître ou s'aplanir lorsque la majorité sénatoriale appartiendra aux républicains.

La révision de la constitution de 1875, la question du service administratif du pays, celle de l'armée, de l'inamovibilité de la magistrature et surtout la question brûlante du cléricalisme provoqueront des luttes parlementaires qui pourront amener des complications dont on ne peut prévoir les résultats.

Mais il est juste, équitable, de reconnaître que le présent est sauvegardé par des hommes, par des ministres qui se sont jusqu'ici montrés hommes de gouvernement; dans leurs déclarations publiques et par leurs actes, ils semblent démontrer qu'ils ne comptent peser sur aucune croyance, qu'ils ne comptent exclure aucune collection d'intérêts; un tel programme, s'il est maintenu, doit, avec le temps, rallier au système républicain tout esprit libéral qui aime sincèrement son pays.

Il ne s'ensuit pas pour cela que la démocratie impériale doive abdiquer; loin de là, sous la République, elle aura plus que jamais des chances sérieuses de s'affirmer, plus que jamais elle possèdera les moyens de conquérir légalement l'application de sa doctrine.

Devant le fait accompli, en présence d'un événement aussi indiscutable que l'existence actuelle du gouvernement républicain créé par les monarchistes eux-mêmes, il ne nous reste plus qu'à examiner quels sont les devoirs de ceux qui représentent d'une part la démocratie républicaine qui est au pouvoir, et d'autre part quels sont ceux qui incombent à la démocratie impériale qui est dans la voie expectative.

DEVOIR DES DÉMOCRATES

Pour les impérialistes, le devoir n'est pas d'accepter une république indéfinie, mais de se rallier sincèrement à celle qu'ils connaissent, qu'ils peuvent apprécier et dont ils peuvent sanctionner les lois organiques sans porter atteinte à leurs idées, à leurs principes.

La loi ouvre les portes de tout gouvernement démocratique aux Français, sans exception, qui jouissent de leurs droits civils et politiques; dans un discours mémorable, M. Thiers a dit que, pour imprimer à un gouvernement l'unité dont il a absolument besoin, on doit se garder de tout esprit d'exclusion, car les gouvernements exclusifs sont stériles.

Le ministère actuel, s'inspirant des mêmes pensées a, dernièrement encore, par l'organe de deux de ses membres les plus autorisés, fait publiquement les mêmes déclarations; mais ainsi que l'a dit un éminent écrivain, tout en tenant compte aux ministres de la République d'énoncer aussi loyalement leurs intentions, tout en appréciant la ligne politique saine et libérale qu'ils ont adoptée, aucun Français n'a besoin qu'un autre Français daigne lui ouvrir les portes de la démocratie; la loi les ouvre toutes battantes et, en entrant, vous ne devez vous tenir obligé ni par le bon accueil des uns, ni intimidé par le visage soupçonneux des autres.

Sous le poids des fautes commises par la force des événements, le parti impérialiste entre donc désormais, ainsi que nous l'avons dit plus haut, dans la voie expectative; mais il puise dans cet état de choses un avantage considérable, celui d'être dégagé des influences fatales, nuisibles, celui de ne plus reconnaître d'autre inspirateur que le prince Louis-Napoléon, l'héritier légitime unique de la démocratie autoritaire.

Les chefs de ce parti ont créé au prince une situation hérissée de difficultés, mais elles ne sont pas insurmontables, par ce seul fait qu'elles ne sauraient atteindre le principe de la démocratie au service duquel le prince Louis Napoléon est à même de mettre une volonté ferme, éclairée, un patriotisme ardent, une haute et saine intelligence ; il est aujourd'hui de notoriété publique qu'il réunit les aptitudes nécessaires pour faire triompher lorsque l'heure aura sonné les idées dont il est le dépositaire.

Il nous appartient du reste, sans crainte d'être démenti, de déclarer que le prince Impérial a vivement à cœur de protéger les principes démocratiques et qu'il fera exécuter le programme de son illustre père, le jour où la providence permettra qu'il remplisse le grand rôle auquel ses destinées doivent l'appeler.

Tout dernièrement encore, nous avons eu l'honneur de recevoir de sa bouche la déclaration suivante :

« Dites bien à tout le monde que je ne consentirai jamais à régner en France avec un parti et que je resterai en exil, plutôt que de faillir jamais au principe de nationalité que mon nom représente, et à la devise qui m'est si chère : Tout pour le peuple et par le peuple. »

CONCLUSION

En concluant, nous sommes amenés à dire que si les impérialistes récapitulent avec soin les diverses instructions contenues dans le programme de l'Empereur en exil, s'ils s'imbuent de ses idées, s'ils se pénètrent de la politique affirmée par les dernières paroles du prince Louis Napoléon ; ils trouveront tout tracé le devoir qui leur incombe envers la France, l'attitude franche et loyale qu'ils doivent prendre dans les circonstances actuelles envers la démocratie républicaine.

Pour être en plein accord avec leur doctrine, ils doivent sans hésitation accepter le gouvernement existant, ils doivent en soutenir loyalement l'essai, en devenir l'appui ; car le jour où un échec flagrant, incontestable, démontrerait l'impuissance du système républicain à maintenir les lois libérales qui sont les bases de la société moderne ; le jour où les principes sur lesquels reposent la liberté, la religion, l'ordre, la famille, seraient décidément en péril, la force même des événements leur rendrait la liberté d'action et on verrait surgir par l'appel au peuple la démocratie autoritaire léguée par la Révolution française à

Napoléon et que son héritier a défini ainsi dans les « Idées napoléoniennes ».

« Affermis (dis la Révolution) sur des bases solides, les principaux résultats de mes efforts, réunis les Français divisés, repousse l'Europe féodale liguée contre moi, cicatrise mes plaies, éclaire les nations, exécute en étendue ce que j'ai dû faire en profondeur; et quand même tu devrais arroser de ton sang l'arbre de la civilisation, voir tes projets méconnus et les tiens sans patrie errer dans le monde, n'abandonne jamais la cause sacrée du peuple Français, et fais-la triompher par tous les moyens que le génie enfante, que l'humanité approuve. »

En terminant, nous venons de nouveau déclarer qu'il ne reste plus aux anciens partis d'autre alternative que de subir philosophiquement l'état des choses créé par leurs tactiques, par leur ambition.

Une atteinte illégale aux droits de la République serait aujourd'hui une trahison envers le pays, elle serait réprimée par le droit, soutenue par la force et par l'opinion publique.

Mais les Républicains ne doivent pas oublier que la démocratie n'est pas leur apanage exclusif, que les divers essais de République sont venus sombrer sous le poids d'excès qu'ils n'ont pu contenir; l'histoire de la première Révolution, celle des journées de juin 1848, l'épisode de la Commune, restent comme autant de menaces à l'horizon et, en conséquence, les démocrates impérialistes, gardiens vigilants des libertés publiques, soutiens de l'ordre et de la société, protecteurs naturels du peuple, ont le droit et la mission de s'identifier à tout gouvernement démocratique pour le protéger de toutes les forces de leur patriotisme contre le retour de l'anarchie.

Il découle de la logique même de cette situation que tout en restant dévoués, fidèles au chef auguste de la démocratie autoritaire, les impérialistes ont le devoir de s'incliner devant les décisions du suffrage universel et de prêter sans arrière-pensée leur concours à une épreuve légale qui démontrera une fois pour toutes si un gouvernement républicain peut assurer le triomphe des principes démocratiques, le bien du pays, la grandeur, la prospérité de la France.

Nous ne nous dissimulons pas l'étendue des colères que peuvent soulever nos déclarations franches et nettes; les impérialistes qui ont le courage de faire acte de patriotisme en se soumettant à l'état de choses établi, s'exposent à voir leur ligne de conduite faussement, haineusement interprétée, mais ils doivent estimer que les personnalités ont bien peu d'importance lorsqu'il s'agit de principes, lorsqu'il s'agit du triomphe des idées et que les grands intérêts de la France sont en jeu.

Quant à nous personnellement, n'ayant jamais eu la pensée d'aliéner une liberté qui nous est chère, n'ayant jamais servi et ne désirant jamais servir sous un gouvernement français qu'en notre qualité de simple citoyen, nous faisons ce que le patriotisme nous commande, nous exécutons en conscience la mission qui paraît nous être dévolue.

Comte ALFRED DE LA CHAPELLE.

Londres, octobre 1878.

Paris. — Imp. Kugelmann, 12, rue Grange-Batelière.

www.ingramcontent.com/pod-product-compliance
Lightning Source LLC
Chambersburg PA
CBHW061131050726
47594CB00005B/2192